AF144378

Eike M. Falk

Morgentauland

Gedichte 1976-1986

Herstellung und Verlag:
BoD - Books on Demand, Norderstedt
ISBN 978-3-7392-4178-4

The tygers of wrath are wiser than the horses of instruction.

William Blake

1. Abteilung:

Die Straße der Sonne

Wenn ich es wüsste
hier
auf der Straße der Sonne
dann
denke ich
würde der Sinn
strebend nach
den ungewissen Gebilden
Tage des Zorns erfahren
nicht wissend warum
und wohin
doch bin
ich dieser Welt
kein unfolgsames Kind
unwissend
gleich den vielen
die noch mit mir sind
getragen von
gestützt auf Wege
deren Sorgen
blind uns machen
aufgeworfne
Fragen bilden
Meinungen
die wissen nicht wohin
glaubend
dass
wohin auch immer
ewiglich des Lebens
Lebens Trotz
der alten Mauern

grauen Paläste
Wächter sind
Sterne nicken diesen zu
denken nicht
doch handeln trotzdem
besser noch als wir
es sind
immer mehr
unendlich viele
Tode
auf dem Weg dorthin

Ich wurde geboren
mit einem Alptraum auf der Wange
mit einem Brandmal im Geäst
zu einer Zeit, da der Mond
angesichts seiner Schändung, dazu
einer Welt, geformt nach apokrypher Formel
durch ein Gezücht, gewachsen an Zahl
und Verirrung
auf seinem Planeten, verkommenem Machtspiel
einem Schnipsel wie er, herabgewürdigt
mit eisiger Logik, ein
teurer Einsatz
im Spiel ´rien ne va plut`
denn fruchtbar sind die Würmer noch
nach dem Ende des Gottes

im Jahre zehn nach Hiroshima
begann ich mit dem ersten
Atemzug zu kämpfen
und beschloss
für immer Kind zu bleiben
ich wurde zu einem Kind
verschlossen und zweifelnd
anzuzweifeln zurecht, denn
kindlich sein konnten sie nie
es sind besondere Würmer, derer
gefräßigen Art ich anzugehören scheine

so beschloss ich für immer Kind zu bleiben

wenn mir dies einmal aufhören wird, das
wir Leben nennen
sind die Würmer nicht verschwunden
und sollten sie es sein
es geschähe unbemerkt, wie selbstverständlich
doch es wäre schade um die, die
Kinder hätten werden wollen
vielleicht, es wird nicht sein
auch geworden wären

als ich beschloss für immer Kind zu bleiben …
ich teilte mich nicht
und bildete tausend Facetten

Die Augen brechen aus
wohin die Städte flimmern
der Rost schmiert sich
im nassen Spiegel meiner Haut
zwei Tauben sterben
liebeskrank umflochten
die hehren Schattenbäume graun
fahlgelb das Laub im Sonnentau

Und der Regen klimpert eine Melodie
eine von Wolken die nach Osten ziehn

Der mahle Tod umweht
was war, geduldsam hoffend
die alte Poesie
hat sich die Lüge eingesoffen
... und geht
rauhschwarze Spinnen spucken Staub
Madonnen mit dem liebgeweinten Lächeln
sie reiben sich Geschwüre aus dem Bauch

Und der Regen klimpert eine Melodie
eine von Wolken die nach Osten ziehn

Dort im Morgentauland
spannt sich die graue Haut der Dämmerung

Die Spuren der Gewesenen sind zertreten
und auf ihren Knochen
wuchert neuer Tod

Mord
grast auf der jungen Wiese
der Himmel spuckt Blut
die Fäulnis reift mit den Stunden
Und Gott ...? Er ist in der Hölle verreckt

Ja, dieses Leben ist voller Heiterkeit
dieses Leben stürzt sich in den Mond
dieses Leben hat geliebt
dieses Leben hat gelacht
ja, dieses Leben hat sich nicht geschont

Meine schöne grausame Welt
die du die Liebe so bitterlich hältst
wie lieb ich dich
mein Schlückchen Erde
so sehr

Viel mehr
als dich zu lieben
wär nie mehr zu lieben
das ist gewesen, ist vergessen
ist gedacht, nie mehr

Und ein Schuss kracht
und ein Schrei der erwacht
und im Spiegel ein Gesicht
von Blut entstellt
meine schöne grausame Welt

Leere   Stille
das Licht
wiegt sich in mir
das Licht und das Feuer
wiegen sich

und sie kippt   die Schaukel
her und wieder
jauchzend brechen
Licht und Feuer
in mir auf
wiegen her und wieder
Steine werden zu Stein
und der Wein im Glas
zittert

bringt Licht für Augenblicke
und verlischt im Feuer

bricht auf
das Herz
die Sinne

und alles bricht auf

und vorbei

Oh du   meine Seele
ich rotierte in deinem Mund

du hast mir den Schnee
von den Lippen gesogen
du hast gesagt   spiel
und ich spielte den Gletscher
der den Himmel mit Eis überzog

ich fraß deine Tränen
als du sagtest   friss

und ich fraß dich

Ich reiße mir den Bastard raus
denn morgen sind die Sterne gestorben
und fühle schon den kalten Schweiß
und denke doch …
und doch …

das ist der Aufstieg
der ists – der kommt, der kommt
zu niederem herabgestiegen
und alles fällt ab von mir
und schwingt sich auf

ohnmächtig ist mein Zorn
der Gipfelgrad des Wahnsinns ist erreicht
die Teufel tanzen
in den sterbenden Städten
es weht ein Wind … ein Wind …
und es drückt sich zum sterben
das Sonnenkind

was bleibt zu wissen
wer weiß es
wer klagt
was hat das Nichts zum Leben gesagt?

oh, es ist schon vergangen
ist einerlei
ist unwiederbringlich
ist aus und vorbei

oh, es ist zu spät
ja, zu spät ist es auch
denn morgen sind die Sterne gestorben
und ich falle hinauf

Menschen
geboren zum nichts
als der Lüge zu willen
der kläglichen Überheblichkeit
Menschen
eingefangen die Raserei
des Jammers
der sie lockte

und töteten
liebten ergreifend
in ihrer Schwachheit
Menschen
und Menschen
suchten einen Strick
um zu leben

schon jetzt
zum Anfang des Endes
ist unser Sein
nur noch dem Wahnsinn unterstellt
zerschunden
dieser Hauch von Erde

wir haben versagt
wir haben
generationsweise versagt
versagt ohne die Einsicht
uns einzugestehen

wir
alle Toten
haben die falschen Götter gewählt

Verstand, Geist
was den Menschen ausmacht
wie man sagt
Verstand, Geist
gebiert den Tod der Menschheit
gebiert ihn als
einzige Konsequenz

also der Tod?
ja, der Tod

samtweiche Nächte auf
blutenden Herzkissen
und wieder der Schlag der Erlesenheit ...
eine schöne Komödie
alleweil

Was wir heute erleben
ist die Fantasie von übermorgen
Träume
sind ein faulender Stumpf geworden
die gänzlich vergangene Zeit
daraus fließt Eiter
Gleichgult und Langeweile breiten
schimmernde Flügel
sie sind banal
Stelzen, Krücken
ansichtig
der nahenden Apokalypse
doch ach –
was sollte uns noch bewegen!

abschlecken die Wundfetzen
napalmverbrannter
Gerippe ... aufgedunsene Leichen ...
Hiroshima und Dong Hoi
ihre Eingeweide
ins Herz stoßen
zerplatzte Hungerbäuche ...

Gott: Schande über dir!
Menschheit: Schande!
kümmerlich machen sich aus
fortan
alle Worte
alle Trauer

versagen muss sie
vor unserm Versagen
Gott: Schande über dir!
Menschheit: Schande!

Calvados

Und das brannte wie Feuer, das Zeug
und keine Sterne und nichts
dieser warme Schnee, dieser Matsch
dieses verrußte Holz an der Bahnlinie
und weil der Regen nicht kam
und kein garnichts was blieb
war nur
geistesblindes Dämmern in den Schlaf
und dann der Traum, der mir sagte
schreib das auf
schreib das auf
und kämpfe dagegen an
aber als ich erwachte, da lag ich da
und lag im Schatten des Calvados der Nacht

von Schmerzen begleitet tapse ich in die Küche
und habe kein Geld
und gibt es keine Croissants mehr beim Bäcker
und rasiere ich mich
sehe mich an im Spiegel
und die Augen sind älter geworden
um eine Woche älter geworden in dieser Nacht
in dieser Nacht wie in jeder
und dann sticht es wieder
und ein Würfel steckt innendrin
und mir kullern die Gedärme
das Herz schwingt sich auf 180
und die Tropfen nützen nichts, dieser Kram

und bah, diese Stiche
und es ist alles flau und beschissen
und ich hau mich wieder hin
denke nach und werde zerrissen
und im Kopf schepperts
und die Leute mit denen ich gesoffen habe
bringen nichts
und ich bringe nichts
und ich werde wieder mit ihnen saufen
und ich werde mir ihr Geschwafel anhören
wie sie reden und reden
wie sie Pläne schmieden
wie sie leben werden wie sie noch niemals
gelebt haben
und sie denken sie täten
und sie denken sie werden
und ich werde gehen, ich
werde weiterziehen
und ich werde heute Abend Calvados trinken

Ausgespuckt
steh ich auf der Straße
und weiß nicht was
wer weiß schon was
altes Spiel
denk nach, wir
habens oft gespielt
und nie zu End gedacht
und nur vertändelt und
verdreht
dasselbe Ende
immerwegs erwägt
und nie zum End gebracht
und nur gelebt
gelebt?

Ausgespuckt
steh ich auf der Straße
der Wind weht
und der Mond
glänzt laut
da irgendwo – verdreht
bewegt
ausgespuckt
der Schnee, der Rauch
ausgespuckt
verbraucht

Die Zeit ist hoffnungslos
und wenn die Tage sich noch so sehr
strahlend geben
in sanfter Geburt
in schmeichelnder Morgenfrühe
die Toten winken uns
aus ihren Gräbern

das Höllische
das es nicht gab
wie das Himmlische nicht ist
das Höllische
es ist menschlich geworden
und
was wir menschlich nannten
ist die Hölle

wo sind denn schon
Gefühle gewesen
und
wo sind sie?
werden sie denn?
ach!
die Toten paaren sich
in ihren Gräbern
sie warten auf uns

Dies ist das Grau das
ich fürchtete
zu allen Zeiten mich verkroch
aber wohin
da dein Blut sich
vermischte
wohin nun da dein Blut
und das Grau sich vermischten
wohin nun?

Still
es schläft
die Wäsche auf den Balkonen
schläft
und der Mandelbaum schläft
das jaulende Kind
und die Milch in der Brust
schläft
und die Sonne

hoffnung sey dein wanderstab/
von der wiege bis zum grab

das Blut vom Messer in deiner Hand
das Blut deiner Hände
von deinen Händen ins Dunkel
der Nacht
rot in den satten
Mond hinein
rot rot

rot schwamm dein Blut
durch den Nebel der Nacht

rotes Blut
ich bete zu dir
ich bete zu dir
wie alte Völker
anbeteten den übermächtigen
Feind der sie schreckte
ich bete zu dir
rotes Blut
zu deinem Griff
kalt in meinem Nacken

rotes Blut ich bete zu dir

Der du da liegst
der Mensch
hast dich zerlitten und
dahingejagt
war nichts mehr da
zu hoffen – nichts
zuletzt …
vielleicht
doch
Gnade
- kein Engel gab
und ich werfe sieben Steine
über dein Grab

keine Zeit hat ihre Augen
so tief gehangen
wie die unsere
gemahnt –
Orakel, Flammenschrift
die blutige Hand
zuletzt …
vielleicht
doch
Gnade
ein dummer Wahn
und ich warf sieben Steine
sie waren vertan

Im Zug: Winterende
aus den Bergen
schält sich der Wein.
Die Eisenbahn zersägt die Landschaft
schneidet Kerben in die kleinen Dörfchen
am Rhein, solche Kerben
wie sie die alte Frau trägt, im Gesicht
mir gegenüber.
Die Sonne hat sich den Himmel erobert
noch etwas blass
auch hat der Bagger
die Arbeit aufgenommen
Schmutz spuckt
aus dem Zementwerk in Weisenau.
Der Rhein ist über die Ufer getreten
ja, es ist Winterende
aus den Bergen
schält sich der Wein.

Wenn
schwarzblau die Wolken ziehen
und die Schiffe den Rhein
herauf und hinab
Wellen schlagen
die
schäumend sich kräuseln
den Strand bespülen
wir alle
düster
die bleierne Wasserhaut betrachten
Eile vorschützen
nicht länger mehr hier
nicht länger …
flüchten
in Wein, Bier
dort in der Stadt
und endlich
der erste Schluck, der beste
Wein springt
und Bier
schäumt in unseren Gläsern
bald schon, bald
werden wir vergessen

Vielleicht waren es der letzte Baum
oder der letzte Vogel
die mich aufhoben vom Bett
darin ich schweißgebadet
meiner Mitmenschheit
zu entkommen suchte

zwei Farben nur bilden die Landschaft
schwarz und schwärzer
selbst im Winter
können die Birkenkäfer bei mir
Unterschlupf finden

der Lärm der Straße hat sich
in einem großen Bogen um uns
gelegt

die Apparaturen des großen Bruders sind
weitaus wirkungsvoller
als gedacht
das Verhängnis rast

da, der alte Mond geht schlafen
schüchtern breitet er die Flügel aus
und kriecht im Wolkenschlafsaal unter

Ich
wenn ich den Weg
entlang des Flusses nehme
unter den Bäumen
das Wasser tropfen
die Schwäne ihre Jungen
belehren sehe
spüre die schwere Ruhe
vor dem neuen Regen

2. Abteilung:

Geliebtes

Tortosa (wo die Liebe brennt)
~ für Angelina ~

Sonne – du stirbst
deine Schatten
taumeln im Herbstnebel
betrauert festlich mutet nun
der dunkle satte Boden
Spiralenflug der Blätter hebt an
und mählich fließt der Strom

ich denke zurück an dich
Tortosa …
deine Nächte, unbildbar
flirrende Melodie

mir wanderten die Sterne zu
in deinen Augen
Tortosa …
Brandungswolken
überm dunkelnden Meer
von Wimpern vertuscht
dein braungelocktes Haar
geliebt …
ich habe dich
verlassen

oh Tortosa …
Tortosa, wo die Liebe brennt
Tränen vermengt
mit Lachen

Die Perle von Toledo
(nach einer Novelle von Prosper Mérimée)

Weiß wie der Schnee
unberührt
auf den Feldern des Eises
rot ihre Lippen
wie die Gluten der Sonne
und schlank wie die Gerte
sich wiegend im Wind
Perle von Toledo
Schönste der Frauen
Aurora de Vargas
deren Blick in die Augen
des Mauren
dessen flammende Liebe bestimmt

Zum Kampf
um die kostbare
herrlichste Frau
zum Kampf
mit dem spanischen Granden
zieht er
Tuzani
von Cordoba aus

zieht gen Toledo
das Schicksal zu zwingen
zieht gen Toledo
die Perle gewinnen

brachte den Kampfesruf aus
fordernd den Streit
am Brunnen Almani
zum Sterben bereit
für die Augen der Perle
in so naher Ferne

färbte das Blut
den Brunnen Almani
oh Perle so weiß
oh Perle so schön

kaltender Stahl
ließ sein Herz erstarren
seine Sinne verweh'n
doch mit den letzten
den sterbenden Kräften
hob er den Degen
und ließ er vergehen
die Schönheit der Perle
der Perle so weiß
oh der Perle so schön
sollst du doch mein
mich bald wiederseh'n

Birken im Abendgrund
zerbrechlich und schmal
deine zärtlichen Hände
fliehend sterbend Birken
sterbende Birken
zerbrechlich und schmal

dem Dunkel der Nacht entgegen
dem Unsichtbaren
schmiegten sich
unsere Lippen
umwebten
deine Küsse
Tautropfen mich
im Netz der Spinne

beugte sich zitternd der Farn
dein Haar
über meinen Wangen
verweilend

wechselnder Form des Grases
folgten wir
schwellender Süße
seufzend
im Abendgrund
Birken
zerbrechlich und schmal

Für Anne: Wendepunkt der Petunie

Du hast mir erzählt
vom Wendepunkt der Petunie
ich konnte den Regen spüren auf meiner Haut
und wusste den Weg
der hinausführte in die Sonne

ich wusste den Frühling wachsen
jung und schön
das frische Grün
und alles spürte ich
das was du sagtest
alle deine Schmerzen

ich fühlte mich in deinen Tränen
deinem Gold, glitzernd auf der Wange
ich roch den Flieder in deinem Haar
und dein Körper war
eine schmelzende Schneeflocke

ich hatte nichts
und nun hat mein Herz berauscht sich an dir
hat sich in dich gefühlt
und ist aufgeflammt
wie der Wein im Kerzenlicht
ersehnt nach einer langen Reise

ich habe deine Lippen geschmeckt

Prinzessin

Getrennt zu sein von dir nun da ich weit
entfernt von dir und fremd
im fremden Frühling stehe
ist schwer, doch macht es leicht
dass ich mich alle Augenblicke bei dir sehe
in unserem geträumten weißen Land
wo jeder Stern der auf uns niederfiel
neue wundersame Märchen zu erzählen sandte

dann stehe ich, Prinzessin, wieder neben dir
dann streiche ich dir funkelnde
Kristalle aus dem Haar
dann bin ich, Prinzessin, bin ich ganz bei dir
auch wenn es mich noch ängstigt, das
was jede Wiederkehr verbietet
den Frieden finden neben dir
ist nun nicht mehr zu finden

Als ich sie sah, ich glaube, ich träumte
und weiß nun, dass ich da versäumte
zu suchen was sie fühlte
was sie meinte

und habe das Versäumte dennoch nie bereut
auch wär es mir bewusst geworden – da
ich hätte mich gesträubt und jeden Wunsch
vermieden
sie ist mir allzu lieb, ich will sie immer lieben

sie, die von Anbeginn an sah
dass in jeder Geste Zuneigung war
sie hat gelitten daran, sie hat alles erkannt
und sie hat es für uns beide verbannt

vieles blieb in ihren Blicken verschwiegen
ich fragte nicht wieso und warum
will sie eben deswegen für alle Zeit lieben
deswegen eben, und eben darum

Mädchen
ich liebe dich
Mädchen
wir beide
Mädchen
wir lieben uns
Mädchen
wir beide

wenn auch im Rosenmund
ein dunkler Schatten reißt
wenn auch im Wellenspiel
der Zorn uns beißt

wir beide
Mädchen
Mädchen
wir beide
lieben
was ist die Welt?
Liebe
wir beide

Ahnungen (Wintersprüche)

1

Jetzt
da die Wolken klirren
das Fenster eisig überziehn
springt auf in mir ein Fünkchen Liebe

Jetzt
Sehnsucht selbst
den blauen Himmel nicht mehr sieht
da springt die Liebe

Ich habe mich auf dem harten Küchenstuhl
zusammengezogen
warte auf Wärme

2

Da haben sich Worte aus dem Grau gesungen
perlende Worte
es hat Antwort gegeben
neue Nebel haben sich hinzugefunden

3

Die Raben haben gekräht heute Nacht
ich warnte den kleinen Vogel
flieg nicht
aber er überquerte die Berge.

4

Wehmut ertastet den Weg aus dem Nebel
umschlingt
wie der Frost
den Stamm der Birke
mich

Hunger nach Leben
lässt die Zweige beben
Hunger nach Liebe
fällt mich

5

Mein Blick
kann sich nicht genügen
mit der albernen Zerbrechlichkeit
stets
verschluckt er sich
an der grauen Milch des Himmels

6

Warum
ist keine Liebe vom Himmel gestiegen
als die große Erde gebar
ihr sehnendes Kind

Ich suchte nach einem Gemäuer
das meine Verlorenheit umschließt
ich schäme mich für den Himmel

Ahnungsloses Kind

7

Diesen Augenblick
wo das Dunkel sich heranfrisst
habe ich wieder einen Tag verloren
ich habe die Botschaften des Lichtes nicht
verstanden
ich werde mich fürchten in der Nacht

8

Schüttelte sich die Birke im Fiebertaumel
plötzlich
als ich sehen wollte
und blendete mich
ein klarer Stoß des Sonnenfeuers

Die Welt ist eine Nachtigall
sie singt
wenn sie hungrig ist
die schönsten Lieder

ich starrte sie an
und dann war etwas in mir
das nicht laut weinen wollte
spiel mir das Lied vom Sonnenschein
verdämmere dich nicht
in hundsgemeinen Tagen
und wenn der Regen bricht
trink dich hinein
und suche ein schönes Gesicht

wenigstens
ist das Unendliche irgendwo endlich
vielleicht schaffen wirs noch
du vielleicht
dir kommt keine gleich
du bist so weich in
deinen abendblauen Augen
unerreicht

Ich war so tief verliebt
sah den Horizont nicht deiner Augen
die mir sagten: nicht, nicht
so tief sollst du lieben
fest und gut

Doch ich war der Dieb
nicht
die Erfüllung unserer Tage

Die Liebe wächst an in Hamburg
während der schwarze Regen
Purzelbäume schlägt vor Langeweile
wenn nicht ein Graupelschauer
dann und wann
ein kleiner Eisregen
Abwechslung brächten
wenn nicht
blaue Pinguine auf dem Mercedes-Stern
des Mercedes-Wagens des Herrn Nimmermann
Tango tanzten
während Regenwürmer trotzig
tiefer zu kriechen versuchten
oder hinaufgeschwemmt
in ein Wolkenparadies, feucht
bis in den Urgrund aller Zeiten
einen nassen, unbekannten
nassen Tod sterben
während
die Liebe anwächst in Hamburg

Und ein Regenbogen steigt auf
und der schüttelt sich und der bimmelt
uns steht das Wasser in den Schuhen
und kein Alsterdampfer
der uns heimwärts schippern möchte
unsere Küsse schmecken nach
Orangenkonfitüre
wie im Schlaraffenland
küss mich nochmal ...
nochmal, nochmal ...

ach geh, lass die Laufmasche laufen ...
und das Wasser steigt und steigt
in den Schuhen
da bleibt uns nichts als den Himmel
hochzuschwimmen, zu den
Orkanschnecken, den Regenklabautern
die Sturmriesen durchzukitzeln
und das alles, der
ganze Regenzauber und das
alles nur
damit die Liebe anwächst
in Hamburg

3. Abteilung:

Gegebenes und Gebendes

Jessenin

Sergej Jessenin liest der Zarin
sein Gedicht von der Hündin vor.
Die Zarin verdrückt eine Träne in ihr weißes
Batisttüchlein.
Oh, wie ist das traurig, wie ist das traurig ...
sagt sie.
Russland ist traurig, erwidert Jessenin.
Russland ist traurig.
Man äußert den Wunsch, dass Jessenin ein
Lobgedicht auf den Zaren verfasse.
Jessenin lehnt ab.
Da schickt man ihn an die Front.

Lorca

Wie sie den Garcia Lorca umgebracht haben
da hätte man meinen sollen
das Gras müsste aufhören zu wachsen
oder doch wenigstens, dass der
Planet zur Zitrone schrumpfte
aber nein – keine Regung
die Sonne ging unter und wider auf
und der Generalissimus wichste sich einen
in sein Scheißfalangistenfahnentuch

Durruti

Er hatte nicht den großen Plan im Sinn
von Klassen und Macht
er hatte Bewusstsein
er hatte das Bewusstsein seiner Menschen
ihrer Kraft
Bewusstsein ihres Hungers
ihrer Unterdrückung
die zu beseitigen
das war sein Ziel
das zu erreichen
es galt ihm alles
und galt für sie
und darum kämpfte er eben
er kämpfte
für das Leben

Freiheit
verschlampte Schimäre
Unabwendbarkeit menschlichen Glücks
buntgeblümte Erdenschwere
was nützts
kalte Asche
kalter Hohn
geheiligte Ware
vergötterte Fron
im seidigen Schoße
der Idiotie
der ganze Mist nicht
zusammenbricht
der ganze Haufe bebt
und nicht erwacht
die Wahrheit überschwappt
und in die Fresse kracht
Befreiung
kommst du
kommst du nie
viva la anarquia
die Anarchie
solange der Mensch lebt
stirbt der Traum nie

Ulrike Marie Meinhoff

Es ist schwer zu betrachten in einer Zeit
es ist einfacher für die Ewigkeit
doch auch wir immerhin, wir solltens erkennen
du wolltest diese Mauer einrennen
eine Schwalbe fliegt hoch
der Mensch kriecht tief
kriecht tiefer noch
als das schleimigste Viech
aber du hast dann wenigstens
um dich geschlagen
du hast es wenigstens nicht ertragen
für niemanden bist du gestorben
für heute nicht auch nicht für morgen
du bist verzweifelt und schmerzvoll gestorben

wie konntest du wissen
dass du gegen alle bist
dass ein Held die Welt nicht
die er retten soll
beschießt
wie konntest du wissen
dass auch Revolutionäre beten
du wolltest doch nur
ohne dich zu schämen
leben
du hast nicht gewusst
nicht wie, nicht was
du hast nur irgendwann

ganz fürchterlich gehasst
und du hast dann wenigstens
um dich geschlagen
du hast es wenigstens nicht ertragen
für niemanden bist du gestorben
für heute nicht auch nicht für morgen
du bist verzweifelt und schmerzvoll gestorben

du konntest nichts erreichen
hier auf der Erde, inmitten dieser Lügenbalz
warst du durch irgendeinen Fehler falsch
und konntest nichts ertragen
nicht einen Schlag ins Gesicht
und konntest die Fehler nicht begleichen
warst nur so Mensch
wie du bist
aber du hast dann wenigstens
um dich geschlagen
du hast es wenigstens nicht ertragen
für niemanden bist du gestorben
für heute nicht auch nicht für morgen
du bist verzweifelt und schmerzvoll gestorben

Die Hemshof-Friedel
(der großen pfälzischen Straßensängerin
zum Gedenken)

Die Hemshof-Friedel war nicht
sanft gezogen eben
in dieses dreckverschmierte Leben
und hin- und hergerissen
ohne einen Pfennig in der Tasche
mit Glück und Segen war da nichts
da war nur der Schluck aus der Flasche

doch wenn sie auf der Straße dann
die große Sonne über ihr hang
wenn sies dann lachen ließ
da wars dabei
da wars nicht schwer mehr
sangs
kams noch grad mal
grad mal so daher

wenns bei ihr anfing
Fitzel Glück nur
wars schon grad vorbei
es war der falsche Himmel wo sie reinfiel
nichts als Schinderei
sie hat auch nichts gelernt
begreifen und verstehn

konnt den Weg auch nur so beinah
halt so
vor die Hunde gehen

doch wenn sie auf der Straße dann
die große Sonne über ihr hang
wenn sies dann lachen ließ
da wars dabei
da wars nicht schwer mehr
sangs
kams noch grad mal
grad mal so daher

sie
mit ihrer Wellblechstimme
manchmal schiens
hat sie den Wind verbleut
unds Maul aufzureißen
laut Scheiße zu rufen
hat sies nirgendwo gescheut
mehr war nicht drin für eine
die den ganzen Trübsinn mit sich mitgetragen
mehr war nicht drin als halt dem Leben
links und rechts eins reinzuschlagen

zuletzt noch
wo sie auf der Straße stand und sang
da wars nicht schwer mehr
und wenn sies lachen ließ
da kams noch grad mal
grad mal so daher

Für Wolfgang Neuss

Nichts
was ich großartig wollte
von dir
will dich nicht aufschrecken
aufstöbern
bleib
wir sind doch
zerfressen vom gleichen
Parasiten
diesem Land
dessen Namen zu nennen
mich graut
nicht nur darum
bleib
sollen sie
ihre Geschichte nur
immer bauen
und zerstören
zu wenig
was wir könnten gegen diese
gefräßige Menschlichkeit
auch darum
bleib
es ist besser zu tun als ob
als ob zu tun als ob
es verliert sich das Leben
schon ganz alleine

Dostojewskij

An meinem Geburtstag
sind die Blätter fast alle unten.
Nur die Eichen lassen sich Zeit.
Die sind immer spät dran.
Den Abend verbringe ich mit Dostojewskij.
Alte Tradition.
Wir schweigen uns an.
Obwohl er Deutsch kann (ich kein Russisch).
Aber er mag die Deutschen nicht.
Er mag auch die Polen nicht
und nicht die Franzosen.
Er mag eigentlich überhaupt niemanden.
Er sitzt da finster in seinem Bart.
Na, ist schon in Ordnung so.
Ich bewirte ihn mit Tee – den er nicht mag
(weils kein russischer Tee ist)
und mit Gebäck – das er nicht mag
(weils kein russisches Gebäck ist).
Er sitzt da und starrt verstockt in die
einzige Kerze die ich habe brennen lassen
(elektrische Beleuchtung mag er gleich gar nicht).
Na, ist schon gut.
Verstockt starren – das kann ich auch.
Blumen von Brechts Grab

Ich hab mal Blumen von
Brechts Grab geklaut.

1977 muss das gewesen sein
(Biermann war schon weg).
Es war nicht ganz einfach
der Friedhof lag dicht an
der Grenze und war gut bewacht.
Ich hör den Brecht schallend lachen.
Der sitzt in der Hölle im Schaukelstuhl
und raucht dicke Zigarren.
Gutes Bild, wa?
Ist aber nicht von mir, ist von Kurt Bartsch
der das festgestellt
(in Erfahrung gebracht) hatte.
Das muss auch damals so um die Zeit
gewesen sein.
Brecht lacht schallend und stößt
Rauchwolken aus.
Na gut. Ich gebs ja zu.
Ist doch ganz einfach gewesen.
Da lag ein Strauß Plastikblumen
(Plasteblumen?)
auf dem Grab, von denen habe ich mir ein
Teilchen abgefriemelt und das wars.
Es waren Rosen. Ich weiß nur nicht mehr ob es
gelbe oder rote waren.
Ich weiß auch nicht mehr was aus ihnen
geworden ist, ob sie bei einem meiner vielen
Umzüge verloren gingen oder ob ich sie

jemandem – einem anderen Brecht-Verehrer
(Brecht lacht schallend) – geschenkt habe
ich weiß es nicht.
Vielleicht habe ich sie sogar noch.
Ich sehe mich im Besitz einer vorsintflutlichen
Hi-Fi-Anlage, die ich sehr hätschele.
Und an der habe ich alles drapiert
was sich über die Jahre so angesammelt hat an
Bändern und Schleifen von
Geschenkverpackungen
Gestecken, künstlichem Efeu
Blümchen hier und Blümchen da – das
unterstreicht das nostalgische Flair.
Und da, genau da dazwischen, da könnten sie
ja noch sein. Ich müsste das mal untersuchen.
Vielleicht findet sich ja noch eine Markierung –
Plaste und Elaste aus Schkopau – so etwas.
Und ich hör den Brecht schallend lachen.

Rimbaud

Das Gezänke der Familie Verlaine ist
dem Rimbaud zuwider.
Er geht ans Fenster. Öffnet es.
Stellt sich aufs Fensterbrett.
Öffnet seinen Hosenlatz und
pisst auf die Straße runter.
Im gegenüberliegenden Haus lehnt auch
jemand aus dem Fenster.
Das ist die Madame Gallimand.
Die lehnt immer da, hält
die Nachbarschaft im Auge.
Einen hübschen Schwengel hat der Bengel
denkt die Madame Gallimand.

Nun, lassen wir Madame Gallimand
getrost ihren Gedanken nachhängen.
Spannenderes ist drunten
auf der Straße zu beobachten.
Dort sehen wir einen etwas verlebt
aussehenden älteren Herrn mit Knebelbart
der, auf Zuruf eines anderen Passanten
eben noch mit einem verwegenen Satz
dem Strahl hat ausweichen können.
Eine obszöne Geste macht er, zeigt den
Stinkefinger, falls es den damals schon gab
aber ich glaube nicht, vielleicht eher etwas
anderes, etwas typisch französisches
oder, besser noch, eine spezielle

Pariser Gebärde
nur etwas für Eingeweihte
ja, und dann lacht er sogar
schallend, wie er
den Rimbaud da so stehen sieht
im Fensterrahmen.
Einen hübschen Schwengel hat der Bengel ...
Ja, so gefällt mir das.

Sappho

Sappho, Tochter des Goldes
wenn dein Wein der meine wäre
wir würden uns finden, dort
wo der Strand der weißgrauen Inseln
Lieder uns weist
die die Zeiten durchglühn
Lieder, Sappho
die zum großen Meer
Poseidons Wogen, finden
die uns Ursprung waren
dir und mir, Sappho
die wir Liebe suchen
Sappho, groß wie das Meer.

Für Nicolás Guillén ein Son

Oh du, meine Schöne
wie die weißen Zähne blitzen
im Schokoladengesichtchen
tanze für mich
und dann sing das Lied nochmal
das Lied von der Schlange
und tanze, tanze
winde dich
winde dich wie die Schlange
die Schlange die keine Pfötchen hat
und dann beiß mich
beiß mich bis ich
stocksteif daliege
stocksteif
wie ein Stock
so steif

Am Strand von Viareggio

Hier also haben sie ihn verbrannt.
An einem Tag den Williams, in Lerici
und dann ihn, hier. Der Schiffsjunge
der noch mit an Bord gewesen war
wurde erst drei Wochen später angespült –
ein abgenagtes Skelett.

Auch er und der Williams waren
schon arg angefressen, auch sie waren schon
eine gute Woche im Wasser gelegen, doch
sie haben sie noch auseinander halten können
Shelley war ein ganzes Stück größer gewesen
und in der einen seiner Jackentaschen
da fanden sie einen Sophoklesband
und in der anderen einen Band
mit Gedichten von Keats.

Hier also haben sie ihn verbrannt.
Der Trelawny und der Hunt und der
Lord Byron ist auch mit dabei gewesen.
Hier also haben sie
den Scheiterhaufen errichtet.
Natürlich, das war das angemessene Ritual
für einen der großen Heiden seiner Zeit.
There is no God!

Die bigotte Bande daheim in England
die hat sich natürlich das Maul zerrissen

dass es die Strafe des Himmels sei
dass er ertrank im Sturm
die Strafe des Himmels für seine Gottlosigkeit.
Ach, Unsinn!
Es ist ein guter Tod gewesen
ein richtig guter Tod.
There is no God!
Den Körper übergossen sie mit Öl und Wein.
Sie hätten mehr Wein über ihm ausgeschüttet
schreibt Trelawny in seinen Erinnerungen
als sie zu Lebzeiten getrunken hätten.
Das muss eine Menge gewesen sein!
Es brannte dann auch höllenmäßig.
Außerdem war Sommer, Mitte August.
Es war heiß, heißer, heiß.
Die Luft flimmerte, vibrierte.
Das Holz krachte, die Leiche
platzte auseinander.

Hunt hielt es nicht mehr aus und
verkroch sich in seiner Kutsche.
Auch der Lord Byron hatte genug.
Er schwamm in die Bucht hinaus
wo seine Jacht ankerte.
Trelawny hielt Stand.
Und als aus Shelleys Körper so ein großer
schwarzer Klumpen heraussprang
da schnappte er sich das Ding
(wobei er sich schmerzhaft die Hände
verbrannte)
- das Herz, dachte er, sein Herz, sein Herz -

und trug es ans Wasser um es dort zu kühlen.
Später haben sie das Ding dann recht feierlich
der Mary übereignet. Schräg!
Die waren echt schräg drauf!
Noch viel später, als die Mary dann starb
da fand sich das Ding ganz hinten
ganz versteckt auf einem Regal
(eingewickelt in einen Druckabzug des Adonais
 wie die Legende geht).
Da hat man das dann untersucht
und es stellte sich heraus
dass es die Leber war und nicht das Herz.
Schräg! Schräg!
Und doch so gut, und doch so passend.
Ein guter Tod.
Eine gute Totenfeier.

Da steh ich nun im Sand.
Das Meer.
Drüben die Inseln: Gorgona, Capraia, Elba.
Hinter mir die Berge, steil
geht es in die Höhe.
Und ich hier im Sand.
Alleine. Weil Winter.
Im Sommer tummeln sich die Badegäste.

Das Symbol

Das Symbol schwebt
über den Dächern der Stadt Florenz

Es
spielt keine Rolle
welcher Art es ist, welcher Form, noch
wofür es steht oder
stehen könnte, keine
Geheimnisse, Entschlüsselungen, keine
Spannung, nichts
es ist
das Symbol an sich, nackt
entblößt, schamhaft auch
es würde
seine Brüste bedecken, sein
Geschlecht, wenn es
Brüste hätte, Hände, Geschlecht
doch
nichts
es schwebt über den Dächern der
Stadt Florenz, in
achenbachschem Morgendunst
nichts
ist ihm geblieben, hilfe-
suchend schaut es sich um
gewohnt
beachtet zu werden und
bestaunt, doch nichts, die

Menschen beginnen sich
von da nach dort zu schieben, wie
es vorgeschrieben steht bei Cook und
Michelin
suchen und sehen
nicht
nichts
nicht
das Symbol, wenn
es Tränen hätte, doch
auch die
nicht
nichts

Beschämt
schließe ich die Augen
weiß ihm keinen Unterschlupf
zu bieten
nicht einmal
seine Blöße zu bedecken
nichts, nur so –
soviel nur
dass es
über den Dächern
der Stadt Florenz schwebt
weinend vielleicht
doch keine Träne

Die Synode der Zahlen, "Signorina,
Signorina", nur durch sich selbst
teilbar, oh du Bewundernswerte
Gebenedeite, schleudere deine
Küsse wie Kürbiskerne unters Volk
lasse die Ketten und Glieder deiner
Ziffern frohlockend einziehen in die
goldenen Pferche der Unendlichkeit
"Signorina, Signorina", Wolken aus
Glas, Teilchen über Teilchen
Wellenkämme voller Exerzitien, über-
schäumender Troubadure, Galata und
der Dschebel im Westen, himmlische
Geschwüre an den zimtblauen Ufern
die Rimbaud so sehr sich ersehnte
"Signorina, Signorina", dies alles
zu schauen, oh du, Dankenswerte
Unbefleckte, übereigne deine Pestizide
lasse wallfahren in die Teiche und
Sümpfe voller ungeweihter Schwefelsäure
oh du, Unstillbare, Unfehlbare
"Signorina, Signorina", erlöse, erlöse
deine Töchter aus dem Garten Gethsemane
taufe deine Söhne in den Eisbächen des
Himalaya, segne deine geheiligten Aas-
vögel in der Wildnis Kamtschatkas

1347. Der Schwarze Tod

Von den Bergen herab krochen die Wolken
sanft wie das rieselnde Blut
irr gellten die Schreie derer
die das Dunkel in sich sog
Schatten huschten durch die Wälder
Nattern hoben sich hoch in das Licht
und das faulende Christentum
zuckte vor Begierde

Es lauerte
der Schwarze Tod

Auf
rissen die Gräber
und
als ob es sie gäbe
nach der Finsternis
erschallte der Ruf

Wie der neue Tag
ist der Tod des anderen
und der Frühling
verfärbt sich zum Herbst

Dumpf
schlagen die Trommeln den Ton

Sie liegen in den Straßen
die Menschen
und aus ihren Augenhöhlen
kriecht die Frage
und
starrt der Tod

Der Tod
er kannte nicht die Antwort
er wusste sie nicht
und
lachend nahmen es die Kinder

Aber die Gewöhnung an Übel treibt den
Sterblichen
Furcht und Schrecken aus, und auch hieran
erkennt
man den Wandel, von dem ich rede, während
die
Ursachen ... verborgen sind.
                              (Petrarca)

Sie starben
und ihr Dasein bedeutete Tod
sie starben schweigend

Sie starben dem
immerwährenden Fluch
Zerfraß im Herzen
und vollste Verzweiflung

Sie starben schweigend
die Kinder
aus dem Lachen gerissen
aus dem Spiel
die Frauen und Männer
aus dem
was sie liebten

Sie starben
und ihr Dasein bedeutet Tod

Sie schwiegen

Gesualdo

In manchen Nächten
wenn der Mond voll scheint
und blutigfeucht und bebend eine Hand
mir über Stirn und Wangen streift
dann bist es du, Don Carlos Gesualdo
dann bist es du, der nach den Träumen greift

Schon seh ich deine Augen
fern zunächst
doch klar und rein
und näher plötzlich
tänzelnd, flackernd
wie ein Irrlichtsschein
hör deine Stimme
dumpf und todesschwer
Verdammnis, Grauen und Verdammnis
trägst einher, du
Carlos Gesualdo
schwer so schwer

nicht aber ists vergossnes Blut
das tief dich drückt
ist nicht das Blut
das deinen Geist zerstückelt
zwar
deine Frau und ihren Liebhaber
du ließest beide töten
doch - großer Gott -

was zählt schon zweier Menschen leben
oh nein, dein Fluch -
die Seele wolltest du ergründen
du wolltest ihr Geheimnis
alle Teufel hin zur Sonne heben
dein Fluch allein
schon diesem Ziel zu leben

Ars musica
die Kunst des Madrigales
wie hast du die Gnade besessen
besessen wie kaum ein Mensch jemals zuvor
du stürmtest alle Sphären
in dir brausten alle Klänge
erschüttern wolltest du, stürzen
das himmlische Tor
doch ein Mensch nur, ein Mensch
wie warst du vermessen
hörst du
Gesualdo
den Chor der Hölle
die schwarzen Fürsten
wie sie deiner höhnen
empor
Gesualdo
empor

Und warst ein Freund doch
von Torquato Tasso
du sahst ihn doch
vom Wahnsinn befallen

seine Verse
wie sie brandeten
zerschellen mussten sie
an den Klippen
der engen
papistischen Welt
... vergess ich dein, Jerusalem ...
verloren wars
bist du noch da
in meiner Nähe
ich spür dich kaum mehr
Gesualdo
wo
wo deine Hand
das Blut
das feuchte Blut
dein Geist
Gespinst
das Bild ...
zerfällt

Brüder der See
(pas de proie, pas de paye)

Rum und Speck und alleweil
ein scharfes Weibsstück unterm Keil

geschändet habt ihr allenfalls
doch menschlicher wart ihr als
das Großvieh der Geschichte
Flibusters, Bukaneers, Meeresgeliche

staubige Karrenwege
kahler Fels
und tausend Läuse im schäbigen Pelz
Tortuga
die das Meer laufen ließ
und kein Paradies

was war der Traum von
gebratenen Tauben
von saftigen Trauben
von Früchten so süß?
kein Paradies

kaputte, geraubte, geschändete Weiber
und Syphilis und Rum und Schiss
weiße Sklaven, schwarze und braune
und kein Weg sonst, der sich finden ließ
im Paradies

als
zu sterben unter gleichen
als
dem Schrecken nicht zu weichen
nicht zu erweichen
als
nie zu erreichen
das Paradies

Flibusters, Bukaneers
über Leichen
verdammte Schinderei
und nicht zu begleichen
vielleicht auch dies
und in der Hölle
das Paradies

Herrschende hetzen
am Messer wetzen
sie den Stein
und ihr
weicht ihn ein

pas de proie, pas de paye
verdrecktes lumpiges Aasgesindel
no pay, no pray
und reißt ihnen das Herz raus
und scheißt auch noch drauf
Lolonois
wild auf wild auf

Brüder doch – steht!
Kopf auf wie nie
Gold
ist Leben
ist alles was hat
und Stutzmesserknauf
und Ratte und Maus
verkauft ist verkauft
und rotz dich noch aus
für hundert von acht
an Deck von der spanischen Brigg

und gehst du drauf
und hundert geh´n drauf
und weißt du dass nichts mehr zieht
und weißt du doch
und scheißt dich ab
runtergesumpft, kotzplankenplatt
Schwertlilien für den Tod im Passat
unterm Wind
und nicht geil mehr
nicht satt
und verdammt, so müde
am krepieren
und matt
und scheißt dich ab
in See

4. Abteilung:

Das Massaker der Weihnachtsbäume

Jedes Ding verdient einen Namen

le vent profond
pleure, on veut croire
            (Verlaine)

Währenddessen ich die borstigen
Haare meiner Augenbraue liebkose
brechen ein Rudel festlich
geschmückter Weihnachtsbäume
über einen Kindergarten herein
und richten ein erkleckliches
Blutbad an

1 Auto, 2 Autos, 3 Autos, 4 Autos,
5, 6, 7 ... plus eine zerquetschte
Fliege an der Fensterscheibe minus einem
Mann mit Baskenmütze und Krückstock
geteilt durch einen großen braunen Köter
der sich abmüht seinen Haufen rauszuwürgen
das ist die ganze Ausbeute meiner Augen

Traumwandlerisch hetzen die Cojoten
durch die Straßen

Nur droben der Fernsehturm
weiß was uns fehlt

Das Gras ist so bleich wie der Mond
in den entsprechenden Romanundfilm-

undtheaterszenen
(auch ein Gedicht liebt bleiche Monde)

Das kleine Kind an der Ecke weint
wahrscheinlich hat es das Massaker der
Weihnachtsbäume verpasst

Es geschieht so selten, dass Kinder
weinen, heutzutage, sie freuen
sich nicht, sie sind nicht traurig, sie sind
grau wie der Himmel über Hamburg

Nur an Sylvester dürfen sie sich mit
Böllern Finger und Hände abreißen
dürfen sich austoben wenn das Fest der
Liebe nicht die gewünschten Geschenke
brachte

Wo ist denn noch solches Leben, das uns
Tränen
entlocken könnte wie ein sentimentaler Film?

Grün pulsiert der Mond
grün, grün, grün ...

Ein röhrender Hirsch in einem dick
vergoldeten Bilderrahmen grinst
blöde und etwas betreten auf die
Straße hinab
Rasch wird die Gardine zugezogen

braucht ja nicht jeder zu sehen
die Einzelhaft eines röhrenden
Hirschen

Ein Cowboy mit schwarzer Augenklappe
bedrängt eine rosaplissierte Prinzessin

Ja, so ist das Leben!

Und das bleiche Gras weint

Der Erzengel hat mir einen Traum gestohlen
und der grüne Mond weint, weint, weint ...

Ja, jedes Ding verdient einen Namen!

Ein Delphin weint

Der Mond hat seinen Hofstaat um sich
versammelt
eine Heerschar weißer Schäfchenwolken
ein silberner Teppich in der Dunkelheit

und das Meer zieht ihm entgegen

ein Delphin weint
am anderen Ende der Zeit

blutsüchtige Moskitos
wiegen sich im Bambusdickicht
wiegen sich
einer nur ihnen bekannten Melodie folgend
einem nur ihnen eigenen Rhythmus
Rausch des Blutes nach Blut
wirf Prinzessin
wirf dein Haupt in die Schlangengrube
ein Kuss der Königskobra
erlöst von allen Schrecken
und der Mond sieht nichts
und der Mond hört nichts
die Erde schweigt
und der Mensch bewegt sich

ein Delphin weint
am anderen Ende der Zeit

und der Leopard windet sich
im heißen im beißenden Stahl
wiege Prinzessin
wiege dich im Blitzlicht
deiner Nerzstola
trinke das Blut
trink es mit Lust und
trink es mit Freude
die Erde schreit
und der Mensch bewegt sich

ein Delphin weint
am anderen Ende der Zeit

Eine Stimme floh
aus dem Radio
   die Schere
   schnappte zu
  doch verfehlte
in der Ecke
  die Waschmaschine
     ächzte überfordert
hierhin
rettete sich die Stimme
(wie dem offiziellen Bulletin
  zu entnehmen war)
eines Tages
im blühenden Leben

Das geht so nicht

Kaum
   dass die Palme
von Mäusen
     umzingelt
und Ratten
     wutentbrannt
aufgehäuft
    Mäuse
      und Ratten
tot
  ihre Samen getrieben
flog
  ein grünseidener Schmetterling
    in die Sonne hinein
        nein
so geht das nicht
      das
geht so nicht
    Nein

Nur die blitzenden Sterne in deinen Augen
    leuchten
vielleicht ein Gespenst
    mordstarrende Knochenhand
verscheuchen
    deine blitzenden Sterne
 auch
    einer abgestorbenen Seele Spiegelbild
zersplittert das Glas
    in heftigem Beben

Auch im Dornengestrüpp
toben die Glühwürmchen

der große Hecht wartet
Sternenflöckchen am Himmel
Eulengesichter
wispern von diesem und jenem
die letzte Lerche
singt längst nicht mehr

Ochs und Esel verkünden
unheilvolle Botschaft

Der Tod
versaut uns das Leben

der Schmerz
schmiert sich Popel
in die Visage

altertümelnde Klageweiber
hocken drumrum
und kratzen sich
die Augen aus
mit silbernen Nagelfeilen

Aus dem Nichts
Nichts
in der Arche
sitzt
sie, Ophelia
schwarze Netzstrümpfe
sonst, nichts
treibt
absinkende Flut
Arche
sucht Berge
Wälder
sucht Höhen
einen Platz
für Ophelia
Ophelias schwarze Netzstrümpfe
Bewegen
Schreiten
Gleiten
schwarze Netzstrümpfe
und kein Gesicht
Felder
Wiesen
Täler
nicht
einen Platz
für Ophelia

Eine kranke Murmel
   und eine faustdicke Träne aus
      Hollywoods finstersten Tagen
durchwanderten ein Gebirge
      darin
            sich tummelten
all die grotesken Lindwürmer
und Ammenmärchen ohne Zahl

Doch Cinderella knutschte mit
dem Beleuchter rum
            und
der jugendliche Held konnte die Finger
   nicht von der Hexe lassen

      Diese
Fummelei ging uns höllisch an die Nerven
            und
Zwerg Nummer Zwo machte sie alle vier nieder

So
konnte es kein Happy-End mehr geben

Zu groß ist die Dummheit in der
  Dämmerung der Zeit

Wie eine Wolke aus Methan
  oder Stickoxyden

Zerfräst wird mein Gehirn
  scheinbar willkürlich

Doch nichts hat seinen Platz verloren
  noch nicht

Eine Ahnung dessen, vielleicht
  (immer vielleicht!)

Wie wäre es anders gewesen
  auch da

Kein Ton konnte vorandringen ins
  diesseitige Abenteuer

Denn die Welt ist zu groß für die Dummheit
  sie stößt sich daran nicht

Weit, weit weg

Langsam, also wirklich ganz langsam
        ganz
        ganz langsam
            öffneten sich
die Scheunentore des Himmels
                der
                sich schämte
    weil
obzwar er eine abgeklärte Sau
    in solchen Dingen
und
  ein ausgekochter Schurke ohne Zweifel
nach dem 12. Wodka
        den ihm der Mond
dieser naserümpfende Zwergpinscher
  in seine Kelche geschüttet
er immer noch nicht wusste ob er nun
Himmel sei
        über
          unter
            oder nebenher
        war
völlig von der Rolle
konnte sich nicht erinnern
hatte
seinen Einsatz vergessen
  weit, weit weg
  erschienen ihm

die Anweisungen des Regisseurs
der
vor Stunden schon
in einer Kaschemme
irgendwo im Pegasus-Nebel
oder auf einem Planeten im Aldebaran
sachte
davongedämmert
einfach so
zusammengesackt war mit
rasselndem Lächeln
und die Kuh schwamm in der Milch davon
drei bis vier Sonnensysteme
hatten sich in seiner Milz breit gemacht
und blähten sich fürchterlich auf
paar Raumschiffe steckten ihm in der
Luftröhre
und er spuckte sie aus
weit, weit weg
schließlich
war ihm das doch zu dumm
und er packte sich fürs erste in
ein schwarzes Loch
aber
die Scheunentore hat er wenigstens
offengelassen

13 Möwen
bewachen das Haus

13 Möwen
heucheln Trauer

13 Möwen
betrachten einen Traum

13 Möwen, 13 Möwen
umstreichen das Haus

13 Möwen
finden leere Stühle
finden leere Schatten
hinter leeren Mauern
nichts
als eine leere Welt

13 Möwen
betrachten das Leben
das Leben ist Leben
das Leben ist Leben

Ich bin euer, Brüder
auch ich
habe Gott die Schöpfung
verdorben
Satan –
schenke mir die Welt

5. Abteilung:

Quebecois

(geschrieben im August/September 1980 in einer kleinen Blockhütte am Natashquan-Fluß, gelegen im östlichen Teil der Provinz Quebec, Canada)

Sehet die Vögel unter dem Himmel an; sie säen nicht, sie ernten nicht, sie sammeln nicht in die Scheunen; und Euer himmlischer Vater nährt sie doch. Seid ihr denn nicht viel mehr als sie? Math. 6, 26

Wir sind da, wir müssen leben
und nicht sterben können wir
wie es uns gefällt.
Alter Trick, das alte Leben
wenn wir sterben fällt die Welt
bricht die Welt für uns in Flammen
wenn wir sterben fällt die Welt
nur für uns in sich zusammen
fällt die Welt, grinst die Welt
mordet unser totes Leben
tötet neues Leben dann
lässt gebären das schon tot ist
stirbt – und dennoch leben kann

Aber Sein
Menschenleben sollte sein

Und irgendwo
irgendwo muss ich es finden können
ich such es doch
so ist es da.
Irgendwo muss Wahrheit ich
doch finden können
und Freiheit, Wissen
und fürwahr
ist, der noch glaubt, sich klammert, hält
ist der ein Knecht der Möglichkeit
der Krallen, Fesseln einer Welt
er sich ergibt als ungebornes Kind
das übern Tümpel in den Graben springt
des Blick nicht weiter reicht als bis
zum eignen Kot
Kot seine Menschlichkeit entstellt
und dem er schließlich denn verfällt

Bleibt nur die Suche. Denn niemals werde ich
sehen können. Oh nein, niemals wird
Sehen sein.
Und wer wollte mir sprechen davon, wer wollte
gesehen haben, wo nichts …

Was bleibt ist die Suche. Und da ich nicht
sehen werde – die Suche nach der Suche

Und Suche, ist sie nicht – die Flucht?
Und halt ich still, dann ist nicht Flucht,
nichtmal
nicht Flucht, die neues Leben
gauklerisch verheißt
und ist nicht Flucht, nichtmal
dann ist es Mord
dann bin ich mir gestorben, habe mir
den Tod gegeben.
Dann darf ich fragen, was heroisch heißt:
das Harren? Nein.
Doch lieber sterben
als gestorben sein

Also auf
zweierlei Tod soll es geben
also auf
auf ins Leben
ins Leben, auf, auf ins Leben.
Und nicht vergessen
den Flieder, leuchtend Flieder
ins Haar.
Lache, locket Verrückte
Wir sind da, wir sind da.

Doch glaube nicht
glaube nicht mir die Gedanken zu verlieren
denn mir Tag auf Tag kommt
macht kein Tag mich frei.

Glaube nicht mir die Gedanken zu verlieren
letztlich, da mein letzter Tag
letzter Tag der Freiheit sei.

Glaube nicht mir die Gedanken zu verlieren
glaube nicht zu sehr ...

Immerhin: Den Augenblick da ich nicht dachte
Und denke doch ...

Ganz nah dem Himmel in Natashquan
ganz nah dem weißen Wolkenzug
ganz nah der Sonne, die auf silbern Wellen
ganz nah der Sonne, die in braunen Augen
ganz nah der Sonne, die zurecht sich lobt

Ich möcht euch, Kinder
möcht euch diese Ufer zeigen
ich möcht euch zeigen wie sich Wälder kleiden
ganz nah dem Himmel in Natashquan
ganz nah, ganz nah der Sonne zu

Dem Leben einen Sinn geben.
Geben! Woher nehmen? Und suchen, wo?
Wo finden?
Oh verfluchter Tag, verfluchte Stille.
Nichts rührt sich.
Möge doch alles zerfallen und zerbrechen.
Nacht! Nacht! – wo bleibt der Regen
das Rauschen, Nacht
wo bleibt der Sturm?
Nacht, gib mir Leben.

Aber nur die Leere ---

Die Leere ist ein schwarzer Hund
Suchen, Finden
Unmöglichkeit
einer Hölle verdammt
zerstreut Verständlichkeit
Sprache, Denken
in Raum und Zeit.
Und ach, Sein
Sein ist nicht zu haben
Sein ist Bleiben
und ich?
- ach nein

Also ist die Schönheit nicht verloren.
Wir werden sie zurückkehren lassen
aus ihren Reservaten.
Zurückkehren lassen! Das ist nicht bloße
Hoffnung –
Hoffnung! – es ist Überschwang
die Schönheit ist es.
Wir werden sie zurückkehren lassen
aus ihren Reservaten

Tage, die das Leben nicht oft verschenkt.
Sollte man sie halten? Und wie?
Sie wiegen so schwer.
Sie sind mit nichts aufzuwiegen.
Und allein der Gedanke – Aufwiegen!
Wie kläglich, wie erbärmlich

Und wie die Motte umtanzt das Licht
wie gern mag ich sterben
wie gern auch nicht
ich, Sklave meiner Gedanken
wo? Ich sehe nicht
was Ruhe schenkt, erscheinen
nirgendwo.

Und wie die Motte umtanzt das Licht
wie gern mag ich sterben
wie gern auch nicht

Wenn nichts sich regte
Gott, der du nicht bist
oh Götterglaube, Mensch
der du nicht willst
dein Leben einfach nur
als Leben zu ertragen
wenn nichts sich regte
Satan, der auch du nicht bist
wie alle Erdengeister
Fabelwesen, Ungetier
wenn nichts sich regte – nichts
nicht Glaube, Hoffen, Bangen
wenn nichts sich regte
sucht ich …
dann sucht ich Erde
tief in mir

Und bin Erde, ich, oberste, gröbste Schichtung.
Ausgespien. Erhabenes scheint verborgen.
Ausgespien aber bin ich, oberste, gröbste
Schichtung der Erde.
Wie auch der Mensch versucht
sich zu veredeln, es bleibt vergebens.
Der Selbstbetrug des Abschaums.
Werden zu können. Es ist eine Lüge.
Die Maus kann den Elefanten nicht schrecken.
Aber lasst uns glauben, … glauben …
wie wären wir denn?
Was wären wir – ohne Sinn?

Wenn der Tag erwacht
dann schweigen die
toten Stämme
sie erzählten die Nacht
und nun
da die Felsen rot erglüh´n
ermüdet schweigen
und der Frost verweht

Wenn der Tag erwacht
allmächtig gleitend
über dem Fluss
der ihnen ewig scheint
erzittern die Birken
doch sollen eben sie
ja sie, sie sollen ewig sein
denn ewig meine Gedanken

Auf, Wölfe: heult!
Der fette Mond
da droben
kann euch was.
Und ich heul mit
für den Augenblick
befreit von den engen
deutschen Gefühlen

Und siehe, die kleinen Vöglein;
zuweilen – verhungern sie doch.

Ein Scherz. Bitter, aber nur ein Scherz. Denn
was sollte Auflehnung, Blasphemie –
wie komisch –
der große Aufstand! Kindereien.
Es ist doch alles nur ein Spiel.
Engel wie Teufel.
Legenden voller Sanftmut und Schönheit.
Doch nein – keine Komödie
alleweil: der Mensch –

Aus.
So einfach, und man will es nicht begreifen …
nein …
nicht sagen, nur nicht darüber sprechen.
Aber könnten wir denn?
Nicht das Bleibende ist menschlich.
Es gibt kein Zurück. Der Mensch: ein Nomade
auf Seelenwanderung.
Versessen, besessen –
und zum Denken verdammt

Doch immer den Mut – und die Hoffnung –
Die Notwendigkeit der Hoffnung – ja
suchen und versuchen zu verstehen
zurückzukehren
und den Sinn zu drehen.
Ja, Suchen und Versuchen und …
Verstehen?

Eine kurze Zeit

6. Abteilung:

Ein ganzes Leben

Dies, was ich dir schreibe, meine
Gedanken, Gefühle, meine Träume
mit dir – es soll sein als Bild
für uns beide.
Und ob Gleichgültigkeit entsteht, Freude
oder Verzweiflung, bleiben soll es
ein Ausdruck meiner Liebe.
Was Liebe ist will ich fragen
ich will versuchen ... versuchen ...
Was Liebe ist? Manchmal möchte ich
begreifen. Aber es muss nicht.
Aber es kann nicht. Beschreiben.
Ja. Befühlen.
Und immer wird das Wort Liebe stehen.
In allem das Wort: Liebe.
Unbegreiflich. Aber es ist alles
was wir haben.

Ich möchte uns beide sehen
dich, was noch schwieriger ist
auch mich.

Ich werde uns zusehen.

Ich werde
den Sarkasmus töten müssen
und der Banalität
versuchen auszuweichen
versuchen auch
den Kitsch zu bannen
der oftmals
so wirklich ist
wie das Leben.

Das Leben – so wirklich?

Bist du?
Bin ich?
Sind wir es, die sind
Sind es nur wir beide?
Sind wir untrennbar nun
was auch werden mag
werden wir einer
im anderen bleiben?

Ich weiß nicht was du bist.
Ich weiß dich nicht.
Bist du
eine Zauberfee, die
herniedergeschwebt kam
auf die Erde?
Du bist so sehr!
Aber weiß ich nur eine
Wimper von dir?
Weiß ich?

Was ich weiß, ist der Beginn, sind
deine Augen, betrunken wie wir waren
Calvados und was noch alles, Wein
den wir, über den Balkon kletternd, noch
holten (warum eigentlich über den Balkon?).
Betrunken wie wir waren.
Deine Augen. Und wir haben uns geküsst.
Und haben nicht mehr getrunken.
Ganz eisern.
Wann war das eigentlich? Um vier? Um fünf?

Und es war
der Zweig vom Mandelbaum
den ich dir gab.
Und sah deine Augen.
Und sehe sie noch.
Und es war da.

Weißt du noch den Moment
wo die Liebe war?

Und so werden wir etwas voneinander bleiben.
Du wirst mir bleiben eine Prinzessin, in deine
Kissen geschmiegt, den kleinen Stofftiger
an die Wange gedrückt, schläfrig, und den Kater
neben dir liegend, blinzelst du, mir
einen Abschiedskuss zuwerfend, vor dem
Einschlafen.

Und du bist bei mir, wenn ich
auf dem Heimweg dann, stehenbleibe
auf der Brücke über dem Kanal
wenn ich leise Lieder summe
um dich in den Schlaf zu wiegen.
Und ich staune über meine Liebe
und meine Liebe wissen die Sterne
und die Schwäne und das alte
Haus, das sich verlockend tief
im Wasser spiegelt.

Nächte.
Nächte mit dir, ohne dich.
Nächte, in denen sich
Tragödien abspielen müssten.
Nicht nach außen gekehrt
sofort, nicht unbedingt
aber in der Haut brennend
was geschehen ist
eingestampft
und auch das, was nie
geschehen wird ...
Solch eine Nacht, Nächte
die ich mit Schmerzen liebe.

Frühmorgens, von See her
bewegte Wolken, eilige Gebilde
die Gesichter formen, Gestalten
für Sekunden nur, dann
weiterhasten, irgendwohin
irgendeinem unbestimmten Ziel
entgegen, aber mir
eine Nachricht hinterlassen
von irgendwo, von
rauen Felsen vielleicht, drüben
überm Atlantik, vor der Küste
wo die Wale spielen.

Die Kälte der Entfernung
nicht messbar
und doch
kann ich sie spüren
mich friert
und ich stürze mich
in den letzten Schlaf.

Schau, wo der Tag nun
weiße Schäfchenwolken treibt
und selbst die Trauerweide
überm Wasser Frühlingsmelodien
wiegt, vergessen ist die schwere
Nacht und hoffen wollen wir
es möge lange noch so bleiben.

Ringsum, auch wenn der Himmel
blau und die weckende Sonne
Leben spielen, ringsum vermehren wir
das Arsenal der strahlenden Zerstörung
ringsum versetzen wir der Erde
einen letzten Stoß. Ringsum
Verhängnis und wir wollten
doch Teil mit ihr im Leben bleiben.

Kann das so schnell sich verziehen
verfliegen, wie die Eule huscht vorbei
zur Dämmerzeit?
Kann das sich nicht sanfter wiegen
ich frage dich
ich bitte dich
kann es nicht anders sein?

Ich bin nicht dazu da dich
ständig zu verletzen
ich bin nicht da um
ständig selbst verletzt zu sein.
denn das ist einmal, zweimal
leicht geschehen
ist oft geschehen
und ist bald vorbei.

So sitz ich da, allein bei mir
und spiele die gekränkte Heuchelei –
wie dumm – denn eigentlich
wär ich so gern bei dir
und deinen blauen Augen
ja, ja – ich wär so gern bei dir
und würde an die Liebe glauben.

Da drinnen in mir, in einer
weitentfernten Landschaft, in einem
dieser finsteren Winkel, die ich
gebunden dachte, zugeschnürt
ein für allemal, irgendwo da
hat es sich wieder losgefressen
so ein Geschwür von
Einsamkeit und Ichbehagen.
Ich hatte es vergessen, vergessen
dass es nicht Rücksicht nehmen würde
wenn ich, in einem schwachen
Moment – vergäße.
Und es hat zugebissen. Auf dich.
Auf die Liebe.

Und so sitz ich hier über der Elbe
und staune über die Wolken und den
Wind, über die Schiffe, die mich
forttragen möchten.

Ich weiß, es ist schwer
schwer mit mir, schwer mit dir
wir haben so große kleine Probleme
wir stecken so tief, so tief
drinnen im Leben.
Nicht nur wir.
So viele zusammen, und stehen
gemeinsam und wissen wofür.
Doch wir stecken so tief
so tief drinnen im Leben.
Weißt du wie albern wir sind?
Weißt du wie schön es ist
zu leben?
Ich weiß, dass dus weißt
und wir wissen es beide, ach
ich liebe dich
ich liebe dich immer.
So habe Vertrauen und
vertraue auch mir, selbst
wenn ich manchmal nicht neben dir
stehe, wir sind schwach, sicherlich
doch wir wissen wofür wir leben.

Du sagst, ich sei ein Mensch
ohne Zukunft, du sagst es mit
traurigem Ernst, aber was Zukunft
ist, sage ich dir, ist, wenn wir
uns lieben, wenn wir uns
liebten solange wir leben, was
ich hoffe, doch auch wenn nicht
wenn du aufhören würdest mich
zu lieben irgendwann, dann
wäre meine Zukunft immerhin
dich geliebt zu haben, das wäre
Zukunft allemal, geliebt zu haben
das hört nie auf.
Ein ganzes Leben.

Also geschehen.
In einem Augenschlag, in einer
undurchdachten Geste, einem Wort
dahingeworfen.
Hochgezüchtete Empfindlichkeit!
Mit der ich andere nur verletze!
Dich!
Und ich war überzeugt zu sehen
zu spüren
was dir ist
wannimmer.
Aber ich sehe nichts und
spüre nur mich.
Und was war geschehen?
Die Zeit, vielleicht. Das ist
keine Begründung.
Doch wir werden es schaffen.
Sag doch? Sag ja.

Denn jeder Tag leuchtet in deinen Augen
auf, neu, immer neu.
Und wenn es derselbe Tag wäre
in deinen Augen würde er entstehen
neu, immer neu.

Wenn ich jetzt gehe
gehe ich nicht
nicht von dir
nehme dich nicht mit
und doch
wirst du bei mir sein
wenn ich jetzt gehe
lösen wir uns voneinander
waren auch nie
diese eine Person
Liebe
waren zwei Lieben
zueinander
und
das war gut.

Wenn ich jetzt gehe
ist keine Kette
abgefallen von mir
nicht von dir
auch keine Fessel
gebunden
in Hast
auf ein Wiedersehen
nein
wenn ich jetzt gehe
ist es ein Wiedersehen
wenn du gingest

ein Wiedersehen
wir werden sein
zueinander
und
das ist gut.

Ich bin du und bin ein See
in uns ist das Geheimnis dieser Erde.

Feuer im Wasser.
Liebe. Das Wort, der Zauber
des Wortes allein. Und
wievielmehr sie sich in dir verkörpert
beseelt – wieviel mehr!
Wenn du freudig bist
du liebst
und wenn du traurig liebst
ist nichts als diese Liebe.
Alle Gedanken sind
von dir gegangen, aller Halt – wo?
Fort! Fort!
Einzig zurückgeblieben bist du.
Einzig und nackt.
Du liebst.

Wir sind ein See.
In uns das Geheimnis dieser Erde.